Birgit Henze

Ganzheitlich aktivieren

Themenorientierte Begegnungsrunden für Senioren

Rund ums Jahr

schlütersche

Die Autorin
Birgit Henze ist Krankenschwester, Ergotherapeutin sowie Fachkraft für Gerontopsychiatrie und somit eine absolute Expertin auf diesem Gebiet: Seit vielen Jahren ist sie in der Sozialen Betreuung tätig und leitet diesen Bereich in einer Berliner Pflegeresidenz. All ihre Vorschläge und Angebote sind daher bestens praxiserprobt.

Bibliografische Information der Deutschen Nationalbibliothek
Die Deutsche Nationalbibliothek verzeichnet diese Publikation in der Deutschen Nationalbibliografie; detaillierte bibliografische Daten sind im Internet über http://dnb.de abrufbar.

ISBN 978-3-89993-391-8 (Print)
ISBN 978-3-8426-8889-6 (PDF)
ISBN 978-3-8426-8890-2 (EPUB)

2. Auflage

Aus Gründen der besseren Lesbarkeit wurde in diesem Buch die männliche Form gewählt, nichtsdestoweniger beziehen sich Personenbezeichnungen gleichermaßen auf Angehörige des männlichen und weiblichen Geschlechts sowie auf Menschen, die sich keinem Geschlecht zugehörig fühlen.
Autorin und Verlag haben dieses Buch sorgfältig erstellt und geprüft. Für eventuelle Fehler kann dennoch keine Gewähr übernommen werden. Weder Autorin noch Verlag können für eventuelle Nachteile oder Schäden, die aus in diesem Buch vorgestellten Erfahrungen, Meinungen, Studien, Therapien, Medikamenten, Methoden und praktischen Hinweisen resultieren, eine Haftung übernehmen. Insgesamt bieten alle vorgestellten Inhalte und Anregungen keinen Ersatz für eine medizinische Beratung, Betreuung und Behandlung.
Etwaige geschützte Warennamen (Warenzeichen) werden nicht besonders kenntlich gemacht. Daraus kann nicht geschlossen werden, dass es sich um freie Warennamen handelt.

Gedruckt mit mineralölfrei hergestellten Druckfarben und Strom aus erneuerbaren Energien. Die eingesetzten Klebe- und Bindestoffe entsprechen den derzeitigen Umweltstandards, die vom RAL Institut für Gütesicherung und Kennzeichnung geprüft wurden.

Umschlaggestaltung:	Kerker + Baum, Büro für Gestaltung GbR, Hannover
Zeichnungen:	Birgit Henze
Satz:	PER MEDIEN & MARKETING GmbH, Braunschweig
Satz Neuauflagen:	Sandra Knauer Satz · Layout · Service, Garbsen
Druck und Bindung:	Salzland Druck GmbH & Co. KG, Staßfurt

Inhalt

Einleitung

Aktivieren und Beschäftigen – mehr Lebensqualität für Pflegebedürftige!

Unter diesem Motto und mit Inkrafttreten des zweiten Pflegestärkungsgesetzes – seit dem 1. Januar 2017 gesetzlich gestützt –, haben Pflegebedürftige einen Anspruch auf zusätzliche Betreuungsleistungen. Dafür müssen die Pflegeeinrichtungen entsprechend qualifiziertes Personal vorhalten und Angebote bieten, die die Lebensqualität der Betroffenen sichert und fördert.

Insbesondere die dafür vorgesehenen, sogenannten Betreuungskräfte des Sozialen Dienstes aber selbstverständlich auch Pflegekräfte, Ergotherapeuten und Angehörige stehen somit vor der anspruchsvollen Aufgabe, geeignete Betreuungsangebote anzubieten. Das ist nicht immer einfach – schließlich gilt es die unterschiedlichen Bedürfnisse und Ansprüche der Bewohner sowie ihre motorischen als auch kognitiven Voraussetzungen zu berücksichtigen.

Bei der Bewältigung dieser schwierigen Aufgabe hilft das vorliegende Buch. Thematisch geordnet, werden diverse Aktivierungs- und Betreuungsaufgaben vorgestellt, die speziell auf die Interessen der Bewohner und auf ihre Möglichkeiten zugeschnitten sind. Sowohl Einzel- wie Gruppenbetreuungen sind möglich und flexibel einzuplanen. Egal, ob 15, 30 oder 60 Minuten Zeit vorgesehen sind, kognitiv fitte oder eingeschränkte Bewohner angesprochen werden oder eine Bewegungseinheit geplant ist: Hier findet jede Betreuungskraft geeignete Vorschläge! Dabei geht es darum, sich mit den Pflegebedürftigen gemeinsam Raum und Zeit für »echte« Begegnungen zu nehmen und abwechslungsreiche Angebote zu unterbreiten!

In diesem Buch wird aus Vereinfachungsgründen die männliche Ansprache benutzt, grundsätzlich sind aber immer beide Geschlechter angesprochen.

Die Autorin, **Birgit Henze**, ist Krankenschwester, Ergotherapeutin sowie Fachkraft für Gerontopsychiatrie und eine absolute Expertin auf diesem Gebiet: Seit vielen Jahren ist sie im Bereich der Sozialen Betreuung tätig. All ihre Vorschläge und Angebote sind daher bestens praxiserprobt!

Bräuche

Im Lexikon steht, dass es sich bei Bräuchen um eine gewachsene Gewohnheit innerhalb einer sozialen Gemeinschaft handelt. Eine regelmäßig wiederkehrende Handlung. Bräuche dienen dem Erhalt und der Weitergabe von Tradition. Viele Bräuche ranken sich um christliche Feiertage wie Weihnachten, Erntedank, Pfingsten, Barbaratag oder Ostern. Andere Bräuche begleiten Festtage der Lebensabschnitte wie Geburt, Taufe, Einschulung, den Eintritt ins Erwachsenenleben, Hochzeit oder den Eintritt ins Rentenalter. Es gibt Bräuche, die eng mit dem Jahresverlauf verbunden sind, wie Mittsommernacht, Wintersonnenwende, Johannistag, Fastnacht, 1. April, Maifeier, Halloween oder Martinstag.

Geschenke-Reigen

Gestalten Sie einen »Geschenke-Reigen«. Dafür wird eine schön verpackte Schachtel in die Runde gegeben, sodass sie jeder einmal in Händen hält, betasten, schütteln und mutmaßen kann, was sich wohl darin befindet. Dafür wird immer laut vorgelesen, wer das Geschenk als nächstes erhält. Zum Beispiel die jüngste Dame oder der älteste Herr der Runde, die Dame mit den meisten Enkelkindern oder der Mann im blauen Pullover … Der Fantasie sind keine Grenzen gesetzt.
Derjenige, der sie zuletzt erhält, darf sie auspacken und den Inhalt (Kekse, Süßigkeiten oder ein Film für die nächste Kinorunde) mit allen teilen.

Begrüßung

Ein wichtiger Brauch ist es, sich zu begrüßen. Nutzen Sie die Zeit, um die Begrüßungsrituale der Teilnehmer kennenzulernen.

Beispielfragen:

- Welche Grußworte kennen Sie? (→ Grüß Gott, Hallo, Guten Tag, Ich grüße Sie, Grüizi, Moin, Tach, Mahlzeit, Servus, Ciao)
- Welche Grußgesten kennen Sie? (→ Winken, Handgeben, Schulterklopfen, Umarmung, Kuss, Knicks, Diener, Verbeugung, Hut lüften, Handkuss)

Begrüßungsfloskeln

Verschiedene Berufstätige haben eigene Grußworte, die sich nach ihrer Profession richten. Fragen Sie die Teilnehmer, welche berufsspezifischen Begrüßungen sie kennen.
Wie begrüßen sich eigentlich …

- Angler — Petri Heil!
- Bergarbeiter — Glück auf!
- Jäger — Waidmanns Heil!
- Kegler — Gut Holz!
- Segler — Mast und Schotbruch!
- Wanderer — Frisch auf!
- Feuerwehr — Gut Wehr!
- Bergsteiger — Berg Heil!

Zeit für Bewegung

Die Unreinwohner Neuseelands, die Maori, begrüßen sich, indem sie die Nasen aneinander drücken.
Nutzen Sie die Zeit für ein bisschen Bewegung mit Ihren Teilnehmern!

- Der linke Zeigefinger berührt die Nasenspitze und lässt sie wieder los.
- Der rechte Zeigefinger berührt die Nasenspitze und lässt sie wieder los.
- Der Reihe nach berührt jeder Finger der linken Hand einmal die Nasenspitze.
- Anschließend berührt jeder Finger der rechten Hand einmal die Nasenspitze.

Am Ende der kleinen Bewegungseinheit wird jeder Teilnehmer einzeln verabschiedet, denn auch das Verabschieden ist ein wichtiger Brauch. Fragen Sie die Teilnehmer, auf welche Weise sie verabscheidet werden möchten und führen Sie das Ritual entsprechend durch.

Beispiele:

- Die Hand reichen/schütteln.
- Sich voreinander verbeugen.
- Die Hand zum Gruß heben.
- Sich umarmen.

Bräuche-Quiz

In der linken Tabellenspalte finden Sie einige Fragen zu bekannten Bräuchen. Lesen Sie sie nacheinander den Teilnehmern vor und versuchen Sie sie gemeinsam zu beantworten. (Die richtigen Antworten finden Sie in der rechten Spalte.)

Womit wird in der Silvesternacht in die Zukunft geschaut?	mit Bleigießen oder Kartenlesen
Wann verkleiden sich die Menschen?	zum Karneval/Fasching/Fastnacht
Was wird am 14. Februar verschenkt?	Blumen zum Valentinstag.
Was geschieht in der Weiberfastnacht?	Männern werden von Frauen die Krawatten abgeschnitten.
Was beginnt am Aschermittwoch?	die 40 Tage dauernde Fastenzeit
Wovor sollte man sich am 1. April schützen?	vor den Aprilscherzen
Welche Tage gehören zum Osterfest?	Karfreitag, Ostersonntag, Ostermontag
Was wird an Karfreitag in der Regel nicht gegessen?	Fleisch
Wie wird die Nacht zum 1. Mai genannt?	Walpurgisnacht
Wie viele Tage nach Ostern feiert man das Pfingstfest?	50 Tage
Was wird gerade in den nordischen Ländern am 21. Juni gefeiert?	die Sommersonnenwende oder die Mittsommernacht
Am ersten Sonntag im Oktober wird welches Fest gefeiert?	das Erntedankfest

In der Nacht zum 1. November werden vielerorts Kürbisse zum Leuchten gebracht. Wie nennt sich dieses Fest?	Halloween
Womit gehen viele Kinder am 11. November spazieren?	Bei Martinsumzügen gehen die Kinder mit ihren Laternen spazieren.
Was wird am 11. November vielerorts gern gegessen?	die Martinsgans
Was beginnt am 11. November um 11:11 Uhr?	die Narrenzeit
Wem wird am 4. Dezember gedacht und auf welche Weise?	An die heilige Barbara: An diesem Tag werden Apfel- oder Kirschzweige geschnitten und ins Zimmer gestellt. Man hofft, dass sie zu Weihnachten blühen. Sie gelten dann als gutes Zeichen für die Zukunft.
Wieviel Türchen hat ein Adventkalender?	24
Wann wird das Lichtfest gefeiert?	Am 13. Dezember, zum Gedenken an die heilige Lucia.
Wann feiert man bei einem neuen Haus das Richtfest?	Wenn der Rohbau steht und das Dach errichtet ist.
Was verschenkt man zum Einzug in ein neues Haus oder eine neue Wohnung?	Brot und Salz als Glückssymbole für Wohlstand, Fruchtbarkeit und Gesundheit.

Fastnacht/Fasching/Karneval

In der Fastnachts- oder Faschingszeit werden Bräuche begangen, um die bevorstehende Fastenzeit vorzubereiten. In der Regel wird ausgelassen gefeiert – teilweise mit großen Straßenumzügen. Mit Masken und Verkleidungen werden zudem die bösen Wintergeiser vertrieben, damit man sich auf die Frühlingszeit freuen kann. Die Fastenzeit beginnt dann im Christentum am Aschermittwoch und dauert bis Ostern.
Fragen Sie die Teilnehmer nach ihren Erfahrungen zur Fastnacht. Steigen Sie so in eine spannende Biografierunde ein.

Beispielfragen:

- Gibt es etwas, worauf Sie nur schwer verzichten könnten?
- Was würden Sie gerne mit einer Maskerade und Feier vertreiben?
- Worauf freuen Sie sich?
- Haben Sie sich schon einmal verkleidet, wenn ja, als was?
- Als was würden Sie sich gerne mal verkleiden?
- Was passiert in der Weiberfastnacht? (→ Die Krawatten der Männer werden von den Frauen abgeschnitten.)

Poesiealbum

Früher war es Brauch, sich in sein Poesiealbum kleine Verse eintragen zu lassen. Fragen Sie die Teilnehmer nach Ihren Erfahrungen mit diesen Alben.

Beispielfragen:

- Hatten Sie ein Poesiealbum?
- Wen haben Sie dort eintragen lassen?
- Kennen Sie noch einige Verse von damals?
- Kennen Sie die folgenden Verse?
  → Sei bescheiden, sittsam und rein, und nicht wie die stolze Rose, die immer bewundert will sein.
  → Unsere Zeit vergeht geschwind, nimm die Stunden, wie sie sind. Sind sie bös, lass sie vorüber. Sind sie gut, so freu Dich drüber.

1. April

Am 1. April werden Leute gerne reingelegt – man spielt ihnen einen Streich. Fragen Sie die Teilnehmer, was sie am 1. April schon alles erlebt haben.

Beispielfragen:

- Waren Sie schon einmal Opfer eines Aprilstreiches?
- Was für Aprilscherze kennen Sie?
- Haben Sie sich auch mal ernsthaft geärgert?
- Sind Sie schon einmal richtig auf einen Scherz reingefallen?

Am 1. April geht es immer um Scherze. Zeit für ein paar Scherzfragen. Stellen Sie den Teilnehmern folgende Scherzfragen und lassen Sie sie die Antwort erraten.

Scherzfragen:

- In welche Gläser kann man am besten einschenken? — in leere Gläser
- Welches Tier sieht dem Storch am ähnlichsten? — die Störchin
- Was macht mehr Lärm als ein heulender Hund? — zwei heulende Hunde
- Wer hört alles, sagt aber nichts? — das Ohr
- Was ist der Unterschied zwischen einem Bäcker und einem Teppich? — Der Bäcker muss früh aufstehen, der Teppich kann liegen bleiben.

Valentinstag

Der Valentinstag gilt in einigen Ländern als Tag der Liebenden. Denn Valentin hat verbotenerweise Paare heimlich getraut und ihnen dann Blumen aus seinem Garten geschenkt. Für dieses Vergehen wurde er am 14. Februar 269 n. Chr. enthauptet.
Zum Valentinstag schenken sich daher Menschen, die sich mögen, Blumen. Ein passender Vers zum Thema ist »Rosen, Tulpen, Nelken«:

»Rosen, Tulpen, Nelken
Alle Blumen welken
Nur die eine nicht
Und die heißt Vergiss-mein-nicht.«

Geburtstag feiern

Rund um den Geburtstag gibt es viele Bräuche. Fragen Sie die Teilnehmer nach ihren Geburtstagen. Die Teilnehmer erhalten nun ein Blatt Papier auf dem das Wort Geburt steht. Sie sollen nun zusammangesetzte Worte finden, die mit Geburt beginnen.

Beispiele:
Geburtsrecht, Geburtsurkunde, Geburtsort, Geburtsname, Geburtshaus, Geburtstag, Geburtshelfer, Geburtstagsfeier …

Abschließend zum Thema Geburtstagsbräuche kann noch gemeinsam das Lied »Viel Glück und viel Segen« gesungen werden – vielleicht sogar als Kanon!?

»Viel Glück und viel Segen, auf all deinen Wegen, Gesundheit und Frohsinn sei auch mit dabei.«

Grundsteinlegung

Es gibt den Brauch, bei der Grundsteinlegung eines Hauses einen hohlen Stein mit Glücksbringern oder persönlichen Dingen der Bauherren zu bestücken. So soll Unheil vom neuen Gebäude abgehalten werden. Und wenn in vielen Jahren jemand mal den Stein ausgraben sollte, wird an den früheren Besitzer erinnert.

Überlegen Sie gemeinsam mit den Teilnehmern:
- Was würden Sie in einen solchen Stein legen?
- Welche Glücksbringer wären Ihnen wichtig?
- Woran sollen sich spätere Generationen erinnern?
- Haben Sie schon einmal einen Grundstein bestückt? Und wenn ja, womit?

Buchstaben-Quadrat

Zu fast jeder Gelegenheit werden Blumen verschenkt. In diesem Buchstabenquadrat haben sich die folgenden neun Blumen versteckt: Tulpe, Veilchen, Gerbera, Nelke, Lilie, Rose, Aster, Primel, Narzisse.
Finden Sie mit den Teilnehmern diese Blumen in den Zeilen und Spalten. Die Worte können dabei von links nach rechts oder von oben nach unten geschrieben sein.

T	U	L	P	E	Q	E	W	N	W
Z	Z	R	T	T	A	P	A	A	S
U	I	I	O	R	P	R	Ü	R	V
K	L	L	Ä	O	Ö	I	Ä	Z	E
J	J	G	F	S	G	M	D	I	I
N	E	L	K	E	S	E	D	S	L
Y	X	C	C	V	B	L	N	S	C
A	S	T	E	R	N	M	M	E	H
V	B	L	I	L	I	E	Ä	Ö	E
G	E	R	B	E	R	A	Ö	P	N

Auflösung siehe S. 68

Auf dem Markt

Schon im Mittelalter gehörten Märkte zu den wichtigsten Ereignissen in den Städten und Dörfern. Meist fanden diese mehrtägigen Märkte einmal im Jahr statt. Das Recht, einen Markt abzuhalten, wurde vom Kaiser, König oder Grafen als Marktrecht vergeben.
Neben dem Verkauf von Waren diente der Markt auch sozialen Zwecken. Es wurden Tratsch, Klatsch, und Neuigkeiten zwischen entfernten Gebieten ausgetauscht. Natürlich diente der Markt auch der Unterhaltung

Ideen für die Speisekarte

Auf dem Markt finden man auch viele Imbissbuden, an den verschiedene einfache Gerichte verkauft werden. Fragen Sie die Teilnehmer, welche Gerichte typisch für den Markt sind.
Vielleicht kann ja auch der Speiseplan darauf abgestimmt werden?

- Bratwurst
- Suppe aus der Gulaschkanone
- Fischbrötchen
- Fettgebackenes

Märkte

Märkte gehören zu den wichtigsten Ereignissen einer Stadt. Sie sind Einkaufsmöglichkeit und dienen ferner dem Zusammentreffen und kommunikativen Austausch, bei dem man die Neuigkeiten aus der Nachbarschaft erfährt.
Fragen Sie die Teilnehmer, welche Märkte sie kennen.

Beispiele:
Wochenmarkt, Pferdemarkt, Supermarkt, Fischmarkt, Flohmarkt, Jahrmarkt, Krämermarkt, Weihnachtsmarkt, Baumarkt, Viehmarkt, Trödelmarkt, Schwarzmarkt, Wollmarkt, Automarkt, Kunsthandwerksmarkt, Töpfermarkt, Heiratsmarkt usw.

Sitztanz

Auf Märkten geht es oft lustig zu. Straßenmusiker spielen Musik, so wie es früher schon Musikanten taten. Damals wurde sogar spontan getanzt. Animieren Sie die Teilnehmer zu einem Sitztanz.

- Beide Hände klatschen zwei Mal auf die Oberschenkel und danach 2-mal in die Hände – das Ganze 4-mal wiederholen.
- Der rechte Arm wird nach vorne ausgestreckt und wieder zurückgeführt, dabei die rechte Hand auf die Schulter gelegt – das Ganze 4-mal wiederholen.
- Der rechte Arm wird zur Seite ausgestreckt und wieder zurückgeführt, dabei die rechte Hand auf die Schulter gelegt – das Ganze 4-mal wiederholen.
- Der linke Arm wird nach vorne ausgestreckt und wieder zurückgeführt, dabei die linke Hand auf die Schulter gelegt – das Ganze 4-mal wiederholen.
- Der linke Arm wird zur Seite ausgestreckt und wieder zurückgeführt, dabei die linke Hand auf die Schulter gelegt – das Ganze 4-mal wiederholen.
- Mit dem rechten Fuß wird Hacke-Spitze-Hacke-Spitze ausgeführt – das Ganze 4-mal wiederholen.
- Mit dem linken Fuß wird Hacke-Spitze-Hacke-Spitze ausgeführt – das Ganze 4-mal wiederholen.

Reime

Auf vielen Märkten werden die Waren oft lautstark in Reimform feilgeboten. Fragen Sie die Teilnehmer, was sich auf folgende Begriffe reimt:

- Fest/Feste — Rest, Reste, Best, Beste, West, Weste, Pest, Test, Nest …
- Ware/Waren — Haare, Paare, Bahre, Jahre, sparen, fahren, scharen …
- Wolle — Tolle, Rolle, Olle, Trolle, volle, Knolle, Jolle, Molle, Stolle, Scholle …
- Schwein — rein, Bein, Stein, Sein, Schein, mein, dein, klein, fein, Wein …

Dosenwerfen

Einige Dosen oder kleine Kartons werden aufeinander gestapelt. Nun wird versucht, diese mit einem Ball umzuwerfen. Die Dosen oder Pappkartons können vorher zusammen gestaltet – bemalt oder beklebt – werden.

Jahrmarkt

Ein besonderer Markt ist der Jahrmarkt. Ein Vergnügungsmarkt, der auch Messe oder Kirmes genannt wird. Fragen Sie die Teilnehmer nach ihren Erfahrungen auf dem Jahrmarkt.

Beipielfragen:
- Gab es in Ihrer Gegend Jahrmärkte?
- Wann fanden die Jahrmärkte statt?
- Haben Sie solch einen Jahrmarkt besucht?
- Was hat Ihnen an den Jahrmärkten besonders gefallen?

Jahrmarkt-ABC

Auf einem Jahrmarkt wird eine Menge geboten. Es gibt so viele Sachen, die man sehen kann.
Finden Sie mit den Teilnehmern Angebote, sodass jeder Buchstabe des Alphabets einer Attraktion oder einem Gegenstand zugeordnet wird. Beginnen Sie mit A.

Beispiele:
Attraktionen, Achterbahn, Äpfel, Buden, Bälle werfen, Bier, Bratwurst, Clowns, Chip, Currywurst, Dosen werfen, Eis, Fischbrötchen, Feuerwerk, Geisterbahn, Gruselkabinett, Gaukler, Hau den Lukas, Indianerfiguren, Irrgarten, Jongleure, Karussell, kandierte Früchte, Lose, Laterna Magica, Leierkastenorgel, Limonade, Münzpressen, Mandeln, Nackensteaks, Naschereien, Obst kandiert, Popcorn, Ponyreiten, Quacksalber, Riesenrad, Spiegelkabinett, Schießbude, Schiffsschaukel, Tierschau, Verlosaktionen, Wahrsagerin, Wildwasserbahn, Walzerbahn, Wundertüten, Zelte, Zuckerwatte, Zerrspiegel

Wochenmarkt

Auf dem Wochenmarkt werden vorwiegend frische Lebensmittel angeboten.
Fragen Sie die Teilnehmer:

- Was haben Sie gerne auf dem Wochenmarkt eingekauft?
- Sind Sie regelmäßig zum Wochenmarkt gegangen?
- Gab es einen Wochenmarkt in Ihrer Nähe?
- Wie sind Sie zum Markt gekommen? Sind Sie gelaufen oder mit dem Rad gefahren?
- Waren Sie Stammkunde bei einem bestimmten Stand?

Einkaufszettel

Damit man beim Einkaufen nichts vergisst, machen sich viele einen Einkaufzettel. Wenn der zu Hause liegen bleibt, hilft es nur, sich zu erinnern. Herr Doering geht heute zum Wochenmarkt und ihm passiert genau das: Der Zettel liegt zu Hause. Notiert hatte er sich folgende zehn Dinge, die er einkaufen will:

- 1 Pfund Butter
- 1 Laib Graubrot
- 1 Liter Milch
- 200 Gramm Fleischwurst
- 4 Scheiben Käse
- 6 Eier
- 1 Kilo Kartoffeln
- 2 Äpfel
- 1 Bund Petersilie
- 1 Blumenstrauß für seine Frau

Fragen Sie die Teilnehmer, ob sie Herrn Doering helfen können. Was stand alles auf dem Zettel?

Schwarzmarkt

Sicherlich kennen alle den Begriff Schwarzmarkt. Nun heißt der Markt nicht Schwarzmarkt, weil alle Menschen schwarz gekleidet sind oder es nur schwarze Waren dort gibt, sondern weil der Handel im Verborgenen, also »im Dunkeln« stattfindet.
Dort wurden und werden knappe Waren gegen andere Waren getauscht oder illegal verkauft: Man bekommt etwa Uhren für Zigaretten und Kartoffeln für Tanzschuhe.
Fragen Sie die Teilnehmer nach ihren Erfahrungen:

- Haben Sie schon einmal etwas auf einem Schwarzmarkt getauscht?
- Gab es bei Ihnen in der Nähe einen Schwarzmarkt?
- Was war knapp bei Ihnen?
- Was hätten Sie gerne getauscht?

Viele Farben sind bestimmten Bedeutungen zugeordnet. Fragen Sie die Teilnehmer, was Ihnen dazu einfällt.

Beispiele:

- **Rot** ist — die Liebe
- **Grün** ist — die Hoffnung
- **Gelb** ist — der Neid
- **Blau** ist — die Treue
- **Weiß** ist — die Unschuld
- **Schwarz** ist — die Trauer

Spiegelkabinett

In einem Spiegelkabinett sieht alles seltsam aus. Lassen Sie die Teilnehmer herausfinden, was auf den Schildern stand.

Bratwurst
Zuckerwatte
Riesenrad
Zuckerwatte
Hau den Lukas
Geisterbahn
Losbude

Auflösung siehe S. 68

Fischmarkt

Eine besondere Attraktion ist der Fischmarkt in Hamburg. Welche Fische passen zusammen? Suchen Sie mit den Teilnehmern die passenden Fische.

Auflösung siehe S. 68

Frühling

Der Frühling ist die erste der vier Jahreszeiten. Astronomisch beginnt er zwischen dem 20. und 21. März. An diesem Tag sind Tag und Nacht gleich lang – die sogenannte Tag-Nacht-Gleiche. Meteorologisch beginnt der Frühling meist erst Anfang März.

Frühlingsspeisen

Den Frühling findet man auch in Bezeichnungen von Speisen wieder. Fragen Sie die Teilnehmer, welche »Frühlingsgerichte« sie kennen und lassen Sie sich diese erklären. Vielleicht kann ja auch der Speiseplan darauf abgestimmt werden?

Beispiele:
- Frühlingssuppe
- Frühlingsquark mit Kartoffeln
- Frühlingszwiebeln mit Bratkartoffeln
- Frühlingsrollen

Ostereier gestalten

Verteilen Sie Ostereier-Malvorlagen wie die unten abgebildeten, an die Teilnehmer, damit sie diese ausmalen können. Zur besseren Stabilität empfiehlt es sich, die Eier auf Kartonpapier zu malen oder sie zu laminieren. Nach Fertigstellung können sie an den Osterstrauch oder das Fenster gehängt werden.

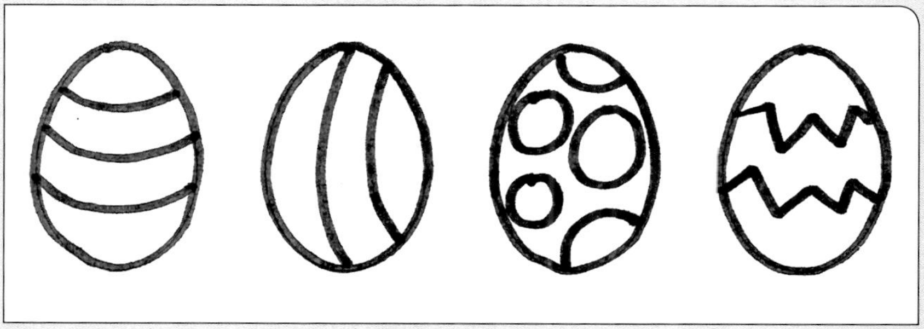

Frühlingsrätsel

Bei schönem Wetter lässt es sich besser denken. Nehmen Sie sich die Zeit mit den Teilnehmern für ein Rätsel.
Einer der jeweils unten aufgeführten vier Begriffe passt nicht. Lesen Sie die Begriffe langsam vor und lassen Sie die Teilnehmer erraten, welcher von ihnen nicht in die Reihe passt.

- Tulpen, Narzissen, **Astern**, Maiglöckchen (Astern sind Herbstblüher)
- Frühlingszwiebel, Salat, **Kürbis**, Radieschen (Kürbis ist eine Herbstfrucht)
- Ostern, **Erntedank**, Himmelfahrt, Pfingsten (Erntedank ist ein Herbstfest)
- Amsel, **Pelikan**, Drossel, Star (Pelikan ist kein heimischer Vogel)

1. Mai

Der 1. Mai wird in der Nacht davor vielerorts mit Musik und Tanz begrüßt. Singen Sie zusammen mit den Teilnehmern die erste Strophe des Liedes »Der Mai ist gekommen« von Emanuel Geibel.

»Der Mai ist gekommen,
die Bäume schlagen aus.
Da bleibe wer Lust hat,
mit Sorgen zu Haus.
Wie die Wolken dort wandern am himmlischen Zelt,
so steht auch mir der Sinn
in die Weite, weite Welt.«

Vers

Nutzen Sie den Vers, um ein Gespräch zum Thema Lachen zu beginnen.

»Nie verlerne so zu lachen,
wie Du jetzt lachst, froh und frei.
Denn ein Leben ohne Lachen
ist wie ein Frühling ohne Mai.«

Frühlingsanfang

Das Schönste am Frühling ist, dass er kommt, wenn man ihn am nötigsten braucht – nach vielen Wochen dunkler Jahrezeit.
Finden Sie gemeinsam mit den Teilnehmern Worte, die mit Frühling oder Frühjahr beginnen.

Beispiele:
Frühlingsduft, Frühlingsblumen, Frühjahrsputz, Frühlingsfest, Frühlingszwiebel, Frühlingsgefühle, Frühjahrsmüdigkeit, Frühlingsbote, Frühjahrsmode, Frühjahrskollektion, Frühlingserwachen, Frühlingstag, Frühjahrswetter, Frühlingslied, Frühlingsgedicht, Frühlingsbeet

Frühjahrsmüdigkeit

Einige werden sie kennen. Die Frühjahrsmüdigkeit. Dagegen kann man was tun: Zeit für etwas Bewegung mit Ihren Teilnehmern, um die Müdigkeit zu vertreiben und den Kreislauf in Schwung zu bringen!

- In die Hände klatschen.
- Die Hände aneinander reiben.
- Den rechten Arm nach oben strecken und wieder senken.
- Den linken Arm nach oben strecken und wieder senken.
- Beide Arme nach oben strecken, und über dem Kopf in die Hände klatschen.
- Den rechten Arm nach vorne strecken und wieder senken.
- Den linken Arm nach vorne strecken und wieder senken.
- Beide Arme nach vorne strecken und vor dem Körper in die Hände klatschen.

Hilfreich gegen Frühjahrsmüdigkeit kann auch ein selbstgemachter Obstsalat sein. Bei der Zubereitung können alle mithelfen.

Zugvögel

Die Rückkehr der Zugvögel läutet den Frühling ein. Fragen Sie die Teilnehmer, welche Zugvögel sie kennen.

Beispiele:
Störche, Kraniche, Stare, Lerchen, Drosseln, Finken, Ringeltauben, Schwäne, Kuckuck, Falken, Amseln, Gänse, Reiher

Anschließend können Sie gemeinsam die erste Strophe des Liedes »Alle Vögel sind schon da« von Hoffmann von Fallersleben singen.

»Alle Vögel sind schon da, alle Vögel, alle!
Welch ein Singen, Musizieren,
Pfeifen, Zwitschern, Tirilieren!
Frühling will nun einmaschiern,
kommt mit Sang und Schalle.«

Ostern

Im Frühling werden viele Feste gefeiert.Das größte ist wohl das Osterfest. Nutzen Sie die folgenden Fragen um mit den Teilnehmern über Ostern zu diskutieren.

Beipielfragen:
- Wie haben Sie Ostern in Ihrer Kindheit gefeiert?
- Sind Sie in die Kirche gegangen?
- Hat die ganze Familie zusammen gefeiert?
- Haben Sie Ostereier gefärbt und bemalt?
- Haben Sie Eier gesucht?
- Wo waren die Eier versteckt?

Anschließend können Sie das Gedicht »Henne oder Ei« von Eduard Mörike vortragen.

»Die Gelehrten und die Pfaffen, streiten sich mit viel Geschrei,
was hat Gott zuerst erschaffen, wohl die Henne, wohl das Ei!
Wäre das so schwer zu lösen, erstlich ward ein Ei erdacht,
doch weil noch kein Huhn gewesen, darum hat's der Has' gebracht!«

Ei-Suche

Finden Sie mit den Teilnehmern Wörter in denen sich ein »Ei« versteckt hat. Der Anfangsbuchstabe ist vorgegeben. Die Teilnehmer sollen möglichst viele Worte mit den entsprechenden Anfangsbuchstaben und der Silbe ei finden.

Beispiele.
- Mit **L**: Leiter, leise, Leier, Leim, Leine, leicht, Leid, leider
- Mit **R**: Reis, Reise, Reiter, Reiten, Reif, Reifen, Reich, Reibe
- Mit **B**: Brei, Breite, Bein, Blei, Beil, Beileid, Beifall
- Mit **S**: Seil, Seite, Seife, Schein, Schrei, Schwein, Stein, schneien

Lied

Fragen Sie die Teilnehmer, welcher Frühlingsvogel seine Eier in Fremde Nester legt. → Der Kuckuck
Singen Sie nun gemeinsam das Lied »Kuckuck, Kuckuck, ruft's aus dem Wald« von Hoffmann von Fallersleben.

»Kuckuck, Kuckuck, ruft's aus dem Wald.
Lasset uns singen,
tanzen und springen!
Frühling, Frühling wird es nun bald!

Kuckuck, Kuckuck, läßt nicht sein Schrei'n:
Komm in die Felder,
Wiesen und Wälder!
Frühling, Frühling, stelle dich ein!

Kuckuck, Kuckuck, trefflicher Held!
Was du gesungen,
ist dir gelungen:
Winter, Winter, räumet das Feld.«

Kreuzworträtsel

Nutzen Sie die folgende Vorlage als Kopiervorlage und teilen Sie sie an die Teilnehmer aus.

1. Wie wird das Eigelb noch genannt?
2. Ein Frühlingsmonat.
3. Ein großes Fest, das im Frühling stattfindet.
4. Alle Vögel sind schon da, … Drossel Fink und Star. Wer fehlt?
5. Worin brüten die Vögel ihre Eier aus?
6. Es wird in die Erde gebracht, damit etwas daraus wächst.
7. Ein anderer Begriff für Frühling.

1									**R**
2		**A**							
3					**S**				
4			**M**						
5		**N**							
6				**E**					
7						**N**			

Auflösung siehe S. 69

Sprichwort-Irrgarten

Finden Sie zusammen mit Ihren Teilnehmern das folgende Sprichwort im Irrgarten: Der Mai ist gekommen, die Bäume schlagen aus.
Dafür suchen Sie die einzelnen Wörter in den Zeilen und Spalten – beginnend in der ersten Zeile. Die Wörter können dabei von links nach rechts, von oben nach unten oder von rechts nach links geschrieben sein.

D	E	R	X	I	O	P	Ü	A	S	D
Ü	Z	M	Y	F	G	H	J	J	K	L
Ö	Q	A	Q	Ä	Y	X	C	V	B	N
M	V	I	D	Q	W	E	R	T	Z	U
I	Ö	I	F	Q	K	Z	X	O	O	P
Ü	Ü	S	T	E	B	Ä	U	X	A	S
E	G	T	M	I	K	Z	M	D	F	G
K	X	Y	L	D	H	X	E	J	K	L
O	M	M	E	N	Ö	Ä	S	Y	X	C
I	R	W	Z	Q	L	H	C	V	B	N
N	M	Q	W	M	A	Z	E	R	T	Z
U	I	O	P	O	G	Z	I	Ü	A	S
D	F	G	H	Ä	E	N	A	U	J	K
L	M	Q	W	Ä	L	Ö	U	S	E	R

Auflösung siehe S. 69

Sommer

Der Sommer ist die zweite der vier Jahreszeiten. Astronomisch beginnt er zwischen dem 20. und 21. Juni. An diesem Tag ist Sommersonnenwende – das ist der Zeitpunkt, an dem die Sonne senkrecht über dem Wendekreis steht und die Tage am längsten sind. Meteorologisch beginnt der Sommer schon am 1. Juni.

Lied

Begrüßen Sie den Sommer gemeinsam mit den Teilnehmern mit der ersten Strophe des Liedes »Geh aus, mein Herz, und suche Freud« von Paul Gerhardt.

»Geh aus, mein Herz, und suche Freud
in dieser lieben Sommerzeit
an deines Gottes Gaben;
schau an der schönen Gärten Zier
und siehe, wie sie mir und dir
sich ausgeschmücket haben,
sich ausgeschmücket haben.«

Sommersachen

Finden Sie gemeinsam mit den Teilnehmern Begriffe, die das Wort Sommer beinhalten und nutzen Sie die Gelegenheit, um mit ihnen über persönliche Sommererinnerungen zu sprechen.

Beispiele:
Sommernacht, Sommersprossen, Sommerkleid, Sommerfest, Sommerzeit, Sommerfrische, Frühsommer, Mittsommer, Sommerfell, Sommerferien, Hochsommer, Altweibersommer, Sommerurlaub, Sommerbad

Kreatives Gestalten

Lassen Sie die Teilnehmer die Lesezeichen-Malvorlagen mit Sommermotiven ausmalen. Wenn diese ausgemalt sind, können sie als Geschenke verteilt werden. Zur besseren Stabilität empfiehlt es sich, die Lesezeichen auf Kartonpapier zu malen oder sie zu laminieren.

Sommerhitze

Im Sommer kann es ziemlich heiß werden. Fragen Sie die Teilnehmer, was gegen zu viel Hitze hilft?

Beispiele:
viel trinken, Ventilator, kühles Fußbad, leichte Kleidung, Handgelenke und Stirn mit kaltem Wasser kühlen, Eistee, Eisbecher, kühl duschen, feuchte Tücher aufhängen, Fenster schließen, Rollläden unten lassen, Sonnenschirm, nur leichte Speisen zu sich nehmen …

Wovor sollte man sich, neben der Hitze, im Sommer noch schützen?

Beispiele:
Sonnenstich, Sonnenbrand, Wespenstich, Mückenstich, zu wenig zu trinken, Sommergewitter …

Gedicht

Passend zu den ungeliebten Mücken im Sommer hat Wilhelm Busch einen kleinen Reim geschrieben. Lesen Sie ihn den Teilnehmern vor und fragen Sie sie nach wirksamen Mitteln zum Insektenschutz.

»Fortuna lächelt, doch sie mag
nur ungern voll beglücken;
schenkt sie uns einen Sommertag,
schenkt sie uns auch Mücken.«

Mittsommernacht

Im Sommer feiert man in Schweden am 21. Juni die Mittsommernacht, bei der viel getanzt, gesungen und gelacht, viel getrunken, gestritten und sich wieder vertragen wird.
Junge Mädchen sammeln in dieser Nacht sieben Blumen und legen sie unter ihr Kopfkissen, damit sie so von Ihrem Zukünftigen träumen.
Fragen Sie die Teilnehmer nach ihren Lieblingsblumen.

Blumen-ABC

Es gibt so viele Blumen. Finden Sie mit den Teilnehmern Blumen zum ABC, sodass möglichst jeder Buchstabe einer Blume zugeordnet wird. Beginnen Sie mit A.

Beispiele:
Akelei, Begonie, Christrosen, Dahlien, Enzian, Flieder, Geranie, Hyazinthe, Iris, Jasmin, Klatschmohn, Lilie, Maiglöckchen, Narzisse, Orchideen, Pusteblume, Rosen, Stiefmütterchen, Tulpen, Usambaraveilchen, Veilchen, Winterling

Vielleicht kennen die Teilnehmer ja auch die folgenden Reime:

»Die Blumen brauchen Sonnenschein, und ich brauch Dich zum Glücklichsein.«

»Ein Häuschen aus Rosen, aus Nelken die Tür, der Riegel von Veilchen, das wünsche ich Dir.«

Sommer oder Winter?

Der Spruch von Mark Twain lässt einen nachdenken … Fragen Sie die Teilnehmer, was ihnen dazu einfällt.

»Sommer ist die Zeit, in der es zu heiß ist, um das zu tun, wozu es im Winter zu kalt war.«

Johannisnacht

In der Nacht zum 24. Juli wird ein Feuer entfacht, das vor Dämonen und Hagel schützen soll – die Johannisnacht wird gefeiert.
Früher war ein Feuer ja oft die einzige Lichtquelle. Heute gibt es so viel Licht, dass es kaum noch richtig dunkel wird. Fragen Sie, was alles leuchten kann?

Beispiele:

- Sterne, Kerzen, Augen, Öllampen, Städte, Glühwürmchen, Fackeln, Lampion, Sonne, Mond, Sternschnuppen, Lagerfeuer, Glühbirne, Ampel

Johanniskraut

Johanniskraut beginnt um den 24. Juli herum zu blühen – daher auch der Name. Johanniskraut hilft bei depressiven Verstimmungen und man sagt, es bringt Sonne ins Herz. Fragen Sie die Teilnehmer, was Sonne in ihre Herzen bringt und singen Sie anschließend die ersten beiden Strophen des Volkslieds »Du, du liegst mir am Herzen«.

»Du, du, liegst mir am Herzen,
du, du, liegst mir im Sinn.
Du, du, machst mir viel Schmerzen,
weißt nicht, wie gut ich dir bin.
Ja, ja, ja, ja weißt nicht wie gut ich dir bin!

So, so wie ich dich liebe,
so, so liebe auch mich!
Die, die zärtlichsten Triebe
fühl' ich allein nur für dich!«

Zeit für Bewegung

Im Sommer werden so manche Plagegeister wach: Neben Mücken und Wespen, die gerne pieken und stechen, ärgern auch die gefräßigen Schnecken. Sie vertilgen alles im Garten, was man eigentlich selbst ernten wollte. Dabei sind es so unscheinbare, langsame Tiere!
Nutzen Sie die Zeit, um sich mit den Teilnehmern so langsam wie Schnecken zu bewegen.

- Der rechte Arm wird ganz langsam nach oben getreckt und wieder abgesenkt.
- Der linke Arm wird ganz langsam nach oben gestreckt und wieder abgesenkt.
- Beide Arme werden ganz langsam nach oben gestreckt und wieder abgesenkt.
- Nun werden die Arme erst einzeln und dann gleichzeitig zu den Seiten gestreckt und wieder an den Körper herangezogen.

Strandtag

Der Strand ist voll von Sonnenschirmen. Da muss man schon genau hinschauen. Zeigen Sie den Teilnehmern folgende Abbildung. Welche zwei Sonnenschirme sind gleich?

Auflösung siehe S. 69

Schwedisches Buchstaben-Quadrat

In Schweden werden zum Mittsommerfest besondere Köstlichkeiten gereicht. Hier haben sich die folgenden schwedischen Delikatessen versteckt: Hering, Sauerrahm, Käse, Knäckebrot, Erdbeere, Schnaps, Kartoffel.

Suchen Sie mit den Teilnehmern die einzelnen Köstlichkeiten in den Zeilen und Spalten. Die Worte können dabei von links nach rechts oder von oben nach unten geschrieben sein.

H	E	R	I	N	G	H	J	K	K
Z	I	O	P	Ü	A	S	S	D	A
Ö	Ä	Y	X	C	E	V	C	B	R
S	A	U	E	R	R	A	H	M	T
N	M	Q	W	E	D	R	N	T	O
P	Ü	A	S	D	B	F	A	G	F
G	H	K	Ä	S	E	J	P	K	F
G	H	J	K	L	E	Ö	S	Ä	E
Y	X	C	V	B	R	N	N	M	L
K	N	Ä	C	K	E	B	R	O	T

Auflösung siehe S. 70

Sommerrätsel

Stellen Sie den Teilnehmern einige Fragen über den Sommer.

- Wann beginnt der astronomische Sommer? → Am 21. Juni
- Welche Monate gehören zum Sommer? → Juni, Juli, August
- Welcher Mann übersteht den Sommer nicht? → der Schneemann
- Wann ist Siebenschläfer? → 27. Juni
- Wann spricht man von der Schafskälte? → Ungefähr zwischen dem 4. und 20. Juni, weil es dann noch einmal kalt wird.
- Welches ist der Rosenmonat? → der Juni

Mittsommerbaum

Ähnlich dem Maibaum wird zum Mittsommerfest ein geschmückter Baum aufgestellt, um den sich die Tanzenden bewegen. Wenn sie dabei Bänder halten, die am Baum befestigt sind, wickeln sich diese Bänder um den Baum.

Befestigen Sie an kleinen Stangen, Papprollen, Holzstäben oder Ästen eine Schnur oder ein Band. Am Ende dieser Schnur befestigen Sie eine Holzperle oder etwas Ähnliches. Nun sollen die Teilnehmer das Band aufwickeln, indem sie die Rolle / den Stab mit beiden Händen an den Enden halten und drehen. Durch das Drehen wird die Schnur aufgewickelt und die Perle am Ende immer näher geholt.

Wer wird wohl der Schnellste sein?

Herbst

Der Herbst ist die dritte der vier Jahreszeiten. Astronomisch beginnt er zwischen dem 22. und 23. September. An diesem Tag sind Tag und Nacht gleich lang. Die sogenannte Tag-Nacht-Gleiche. Meteorologisch beginnt der Herbst meist Anfang September.

Ideen für die Speisekarte

Es gibt viele Gerichte, die im Herbst besonders beliebt sind. Fragen Sie die Teilnehmer, was das für Gerichte sind. Vielleicht kann ja auch der Speiseplan darauf abgestimmt werden?

Beipiele:
- Pilzpfanne
- Kürbissuppe
- Nusskuchen
- Apfelkuchen

Herbstfrüchte

Bilden Sie mit den Teilnehmern einen Stuhlkreis, und bringen Sie gesammelte Herbstfrüchte wie Eicheln, Kastaninen und Nüsse mit in die Gruppenstunde. Verteilen Sie an jeden Teilnehmer einen Esslöffel und lassen Sie die Kastanien, Eicheln oder Nüsse in der Runde kreisen. Dabei werden die Herbstfrüchte immer mit einem Löffel von einem Teilnehmer an den nächsten weitergegeben.

Blätter im Wind

Bilden Sie mit den Teilnehmern einen Stuhlkreis und breiten Sie ein großes Tuch in der Mitte aus, sodass jeder Teilnehmer einen Zipfel des Tuchs greifen kann und dieses gespannt in der Mitte hängt.
Nun streuen Sie gesammeltes Herbstlaub auf das Tuch. Zu leiser Musik wird das nun Tuch bewegt, sodass das Laub auf dem Tuch hin- und herraschelt. Dabei soll es aber möglichst nicht zu Boden fallen.

Herbsttage

Der Herbst hält Einzug, die Tage werden kürzer und kälter. Fragen Sie die Teilnehmer nach ihren Erfahrungen und Erinnerungen an den Herbst.

Beipielfragen:
- Was gehört für Sie zum Herbst?
- Woran merken Sie, dass es Herbst wird?
- Wann beginnt eigentlich der Herbst? → Im September: meteorologisch am 1. September, kalendarisch am 21./22. September
- Was wird alles im Herbst geerntet?

Gedicht

Eduard Mörike hat in seinem Gedicht »Septembermorgen« die Herbststimmung schön umschrieben.

»Im Nebel ruhet noch die Welt,
Noch träumen Wald und Wiesen.
Bald siehst du, wenn der Schleier fällt,
Den blauen Himmel unverstellt,
Herbstkräftig die gedämpfte Welt
in warmem Golde fließen.«

Pilze

Ein Sprichwort besagt »Bei schönem Wetter lässt es sich gut Pilze sammeln«. Doch dabei musste sehr aufgepasst werden. Fragen Sie nach den Erfahrungen der Teilnehmer und diskutieren Sie miteinander.

Beipielfragen:
- Waren Sie schon einmal Pilze sammeln?
- Woher wussten Sie, welche Pilze essbar und welche giftig sind?
- Haben Sie ein Lieblingsessen mit Pilzen?

Herbsträtsel

Nehmen Sie sich die Zeit mit den Teilnehmern für ein Rätsel.
Einer der vier Begriffe passt nicht zu den anderen. Die Teilnehmer sollen erraten, um welchen es sich handelt.

- Steinpilz, **Fliegenpilz**, Champion, Pfifferling (→ Der Fliegenpilz ist giftig, die anderen nicht.)
- Astern, Dahlien, **Primel**, Erika (→ Die Primel blüht im Sommer, die anderen Blumen sind Herbstblüher.)
- Kastanie, Marone, **Melone**, Haselnuss (→ Die Melone ist eine Südfrucht, die anderen Früchte sind heimisch.)
- **Radieschen**, Kürbis, Kohl, Apfel (→ Radieschen werden im Frühjahr geeerntet, die anderen Gemüse im Herbst.)
- Oktoberfest, Erntedank, **Pfingsten**, Allerheiligen (Pfingsten wird im Frühjahr gefeiert, die anderen Feste im Herbst.)

Lied

Im Herbst verändern die Bäume ihre Farben. Ein einst grüner Baum kann nun in allen Rottönen leuchten. Singen Sie gemeinsam mit den Teilnehmern die ersten beiden Strophen des Liedes: »Bunt sind schon die Wälder« von Johann Gaudenz Salis-Seewis.

»Bunt sind schon die Wälder,
gelb die Stoppelfelder,
und der Herbst beginnt.
Rote Blätter fallen,
graue Nebel wallen,
kühler weht der Wind.

Wie die volle Traube
aus dem Rebenlaube
purpurfarbig strahlt!
Am Geländer reifen
Pfirsiche, mit Streifen
rot und weiß bemalt.«

Herbst-Reime

Fragen Sie die Teilnehmer, was sich auf folgende Begriffe reimt:

- **Nuss**: Bus, Kuss, Schluss, muss
- **Wein**: Schein, rein, sein, fein, klein, dein, mein, Stein
- **Traube**: Laube, Taube, Gaube, Schraube, Haube, Baude
- **Nebel**: Knebel, Hebel, Säbel, Flegel

Obst- und Gemüse-ABC

War die Ernte im Spätsommer und Herbst gut, sind die Speicher voll – dann kann der Winter kommen.
Es gibt so viele Obst- und Gemüsesorten. Finden Sie mit den Teilnehmern heraus, welches Obst und Gemüse alphabetisch geordnet den einzelnen Buchstaben zugeordnet werden kann. Beginnen Sie mit A, enden Sie mit Z.

Beispiele:
Apfel, Bohnen, Chinakohl, Datteln, Erbsen, Feigen, Grünkohl, Holunder, Ingwer, Johannisbeeren, Kartoffeln, Lauch, Mangold, Nüsse, Orangen, Pastinaken, Quitten, Rüben, Sellerie, Tomaten, Vogelbeere, Wassermelone, Zwiebel

Sprichwörter

Geben Sie Ihren Teilnehmern entweder den Anfang oder das Ende des Sprichwortes vor, und lassen Sie sie den anderen Teil erraten.

Beispiele:
Die dümmsten Bauern — ernten die dicksten Kartoffeln
Ohne Fleiß — **kein Preis.**
Einen alten Baum — verpflanzt man nicht.
Ende gut — **alles gut.**
Der Apfel — fällt nicht weit vom Stamm.
Hopfen und Malz — **Gott erhalts.**
Auch Wasser wird zum edlen Tropfen — mischt man es mit Malz und Hopfen.

Oktoberfest und Schuhplattler

Gerne wird im Herbst in München das Oktoberfest gefeiert. Es ist das größte Volksfest der Welt und wird seit 1810 auf der Theresienwiese gefeiert.

- Waren Sie schon einmal in München?
- Haben Sie dort das Oktoberfest besucht?
- Wie hat es Ihnen dort gefallen?
- Haben Sie viel Bier getrunken?

Die Bayern sind aber nicht nur bekannt für Ihr Volksfest und das Bier. Auch ein besonderer Tanz hat seinen Ursprung im Alpenland: der Schuhplattler.
Probieren Sie mit den Teilnehmern den »kleinen Schuhplattler«, den Klatschtanz aus.

- 3-mal in die Hände klatschen.
- 3-mal in die Hände klatschen, dann 3-mal die rechte Hand an die linke Schulter klatschen.
- 3-mal in die Hände klatschen, dann 3-mal die linke Hand an rechte Schulter klatschen.
- 3-mal in die Hände klatschen, dann 3-mal die rechte Hand an den linken Oberarm klatschen.
- 3-mal in die Hände klatschen, dann 3-mal die linke Hand an den rechten Oberarm klatschen.
- Immer so weiter machen – fortfahren mit dem Ellenbogen, den Oberschenkeln und den Knien.

Kartoffel

Die Kartoffel ist ein wichtiges Nahrungsmittel, sicherlich auch, weil sie so vielseitig zu verwenden ist. Überlegen Sie gemeinsam mit den Teilnehmern, was man alles aus Kartoffeln machen kann.

Beispiele:
Pellkartoffeln, Kartoffelbrei oder Stampfkartoffen, Salzkartoffeln, Kartoffelsuppe, Kartoffelpuffer, Kartoffelschnaps, Kartoffelbrot, Kartoffelchips, Pommes Frites, Kartoffelbrot

Erntedankfest

Im Herbst ist Erntezeit und dafür dankt man mit einem Fest, dem Erntedankfest. Fragen Sie die Teilnehmer, nach Ihren Erfahrungen mit der Erntezeit und dem Dankensfest.

- Wie wurde bei Ihnen Erntedank gefeiert?
- Gab es eine Prozession durch die Straßen?
- Haben Sie etwas, wofür Sie dankbar sind?

Singen Sie gemeinsam das Lied »Danke« von Martin Gotthard Schneider und variieren Sie dabei die Dinge, wofür Sie danken mit eigenen, aktuellen Ideen: z. B. Danke für das schöne Wetter, den leckeren Kuchen, die tolle Musik usw.

»Danke für diesen guten Morgen,
Danke für jeden neuen Tag,
Danke, das ich all die Sorgen
Auf dich werfen mag.«

Pflaumen

Auch Pflaumen werden im Herbst geerntet. Fragen Sie die Teilnehmer, was man alles aus Pflaumen machen kann.

Beispiele:
Pflaumenmus, Pflaumenmarmelade, Pflaumenkuchen, Pflaumenkompott, Pflaumenwein, Pflaumenlikör, getrocknete Pflaumen, Pflaumenschnaps

Kennen Sie das Sprüchlein von den Pflaumen?

»Das ist der Daumen (am Daumen wird gewackelt)*, der schüttelt die Pflaumen* (am Zeigefinger wird gewackelt)*, der sammelt sie auf* (am Mittelfinger wird gewackelt)*, der trägt sie nach Haus* (am Ringfinger wird gewackelt)*, und der Kleine isst sie alle auf* (am kleinen Finger wird gewackelt).«

Vers

Lesen Sie den Vers »Ein grünes Blatt« von Theodor Storm laut vor und steigen Sie mit den Teilnehmern in eine Unterhaltung darüber ein.

»Ein Blatt aus sommerlichen Tagen,
Ich nahm es so im Wandern mit,
Auf dass es einst mir möge sagen,
Wie laut die Nachtigall geschlagen,
Wie grün der Wald, den ich durchschritt.«

Gedicht

Tragen Sie die ersten beiden Strophen von Wilhelm Buschs Vers »Im Herbst« vor und animieren Sie die Teilnehmer zu einem Gespräch.

»Der schöne Sommer ging von hinnen,
Der Herbst, der reiche, zog ins Land.
Nun weben all die guten Spinnen
So manches feine Festgewand.

Ja, tausend Silberfäden geben
Dem Winde sie zum leichten Spiel,
Sie ziehen sanft dahin und schweben
Ans unbewußt bestimmte Ziel.«

Zahlen verbinden

Verbinden Sie mit den Teilnehmern die Zahlen von 1–23 in der richtigen Reihenfolge. Was ist zu erkennen?

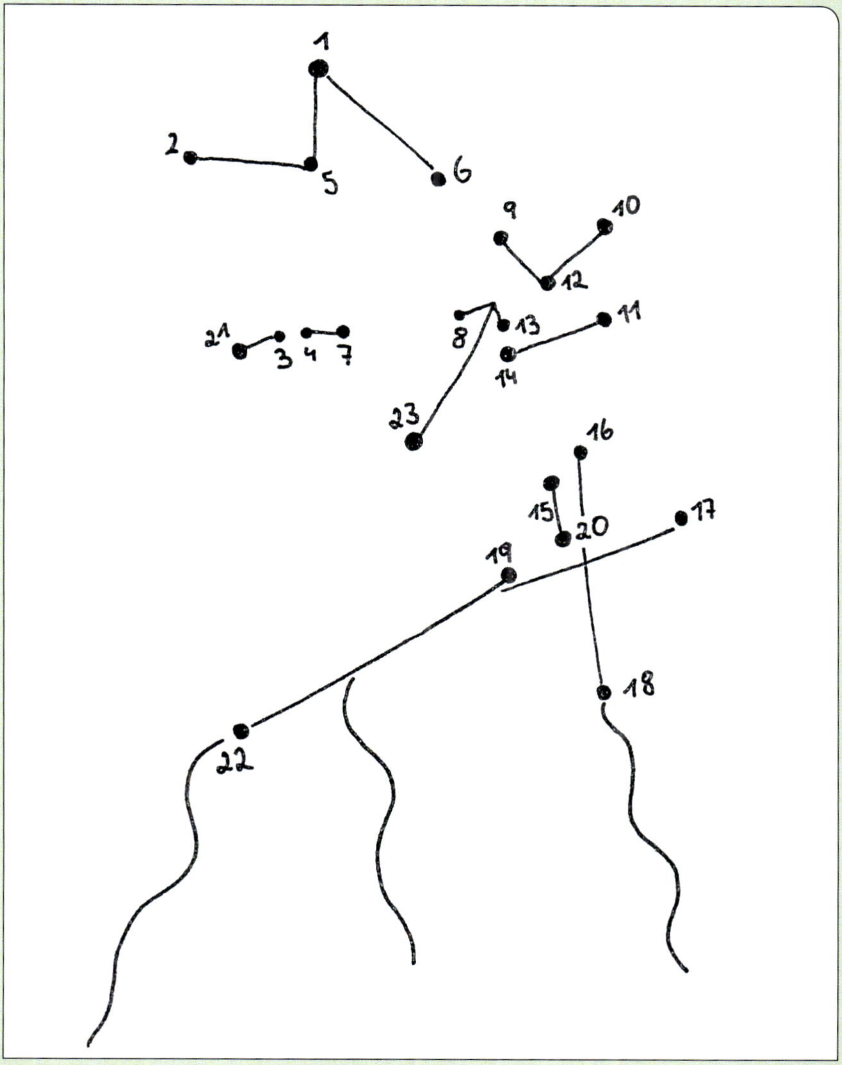

Auflösung siehe S. 70

Zungenbrecher

Versuchen Sie mit Ihren Teilnehmern, den folgenden Zungenbrecher zu sprechen:

»Zwischen zwei Zwetschkenzweigen zwitschern zwei Schwalben, zwei Schwalben zwitschern zwischen zwei Zwetschkenzweigen.«

Herbstwind

Hier hat der Herbstwind die Buchstaben ordentlich durcheinander gewirbelt. Lassen Sie die Teilnehmer herausfinden, welche Herbstfrüchte hier einmal standen.

SIRBÜK

NEFFLORTAK

LEPFÄ

RENINB

ENSSÜ

ZILPE

Auflösung siehe S. 71

Winter

Der Winter ist die letzte und kälteste der vier Jahreszeiten. Astronomisch beginnt er zwischen dem 21. und 22. Dezember. An diesem Tag sind die Tage am kürzesten – man nennt das auch Wintersonnenwende.

Ideen für die Speisekarte

Wie wäre es, passend zum Winter als Nachtisch Bratapfel mit Vanillesoße zu servieren? Sprechen Sie doch die Kolleginnen der Hauswirtschaft an, ob das möglich wäre. Vielleicht können die Äpfel ja auch nach der Aktivierungsstunde als leckerer Abschluss serviert werden.
Alternativ können Sie auch Apfelsaft erwärmen und zum Trinken anbieten. Dazu können Sie schöne Wintergeschichten vorlesen, die zum Nachdenken und Diskutieren anregen.

Handschuhe finden

Besorgen Sie unterschiedliche Handschuhpaare: Gartenhandschuhe, Strickhandschuhe, Fäustlinge, Gummihandschuhe, Kinderhandschuhe, Lederhandschuhe usw.
Von jedem Paar legen Sie einen auf den Tisch, den anderen in einen Stoffbeutel oder Einkaufstasche aus Stoff. Die Teilnehmer sollen sich nun nacheinander einen Handschuh vom Tisch aussuchen und den dazu passenden im Beutel durch Ertasten finden.

Reime

Wenn es draußen richtig kalt ist, vertreibt man sich die Zeit mit Geschichten und Gedichten. Fragen Sie die Teilnehmer, was sich auf folgende Begriffe reimt:

- Schnee — Klee Fee, See, Reh, Zeh, Weh, geh, Tee, ade, Idee, Dreh
- Frost — Rost, Most, Post, Kost, Ost
- Kalt — Wald, Halt, bald, schallt, alt, knallt, ballt, Spalt

Gedicht

Zur Einstimmung auf den Winter können Sie das Gedicht »Die drei Spatzen« von Christian Morgenstern vortragen.

»In einem leeren Haselstrauch,
da sitzen drei Spatzen, Bauch an Bauch.
Der Erich rechts und links der Franz
und mittendrin der freche Hans.
Sie haben die Augen zu, ganz zu,
und obendrüber, da schneit es, hu!
Sie rücken zusammen dicht an dicht,
so warm wie Hans hat's niemand nicht.
Sie hör'n alle drei ihrer Herzlein Gepoch.
Und wenn sie nicht weg sind, so sitzen sie noch.«

Warmklopfen

Bei so viel Kälte wird es Zeit, sich warm zu klopfen. Führen Sie mit den Teilnehmern folgende Bewegungen aus.

- Die rechte Hand klopft auf die linke Schulter, den linken Ober- und Unterarm.
- Die linke Hand klopft auf die rechte Schulter, den rechten Ober- und Unterarm.
- Jetzt klopfen die Hände gleichzeitig überkreuz – also die rechte Hand die linke Schulter und den linken Arm; die linke Hand die rechte Schulter und den rechten Arm.
- Die rechte Hand klopft auf den rechten Ober- und Unterschenkel.
- Die linke Hand klopft auf den linken Ober- und Unterschenkel.
- Beide Hände klopfen vorsichtig den Bauch.

Spiegelwörter

Der Winter beginnt am 21. Dezember und ist somit ein Spiegeldatum – von vorne und hinten gelesen bleibt es gleich. Es gibt auch Wörter, die von vorne und hinten gelesen gleich bleiben. Fragen Sie die Teilnehmer, ob Sie solche Wörter kennen.

Beispiele:
nun, Neffen, Kajak, Ebbe, Tat, Rentner, Renner, Uhu, Elle, Radar

Es gibt auch Wörter, die eine andere Bedeutung haben, wenn sie von hinten gelesen werden. Fragen Sie die Teilnehmer, was aus folgenden Worten wird, wenn man sie von hinten liest.

Beispiele:
Beil — lieb
Eber — Rebe
egal — Lage
Regal — Lager
Leben — Nebel
Gurt — Trug
Brat — Trab
Not — Ton
ein — nie
die — Eid
Amme — Emma
rot — Tor

Riesenschneeflocken

Geben Sie zwei oder drei weiße Luftballons in die Runde, die sich die Teilnehmer gegenseitig zuwerfen. Die Ballons sollen möglichst nicht auf den Boden fallen.

Warm angezogen

Wenn es draußen richtig kalt ist, kann man trotzdem nicht immer drinnen bleiben. Fragen Sie die Teilnehmer, was man anzieht, damit man nicht friert.

Beispiele:
Mütze, Schal, Handschuhe, Wintermantel, Fellsohlen, Ohrenschützer, lange Unterhosen, Muff, Kopftuch, die »Lagentechnik«, Winterstiefel, Stulpen, warme Socken usw.

Und wie schön ist es, von draußen wieder ins Warme zu kommen. Fragen Sie die Teilnehmer, was hilft, falls man doch so richtig durchgefroren ist.

Beispiele:
Hände warmreiben, in die Hände hauchen, Hände unter warmes Wasser halten, warmes Fußbad, Hände am Ofen wärmen, Einkuscheln mit einer Decke, Ankuscheln, Wärmflasche, warmen Tee trinken (mit und ohne Schuss), warme Suppe essen

Zungenbrecher

Versuchen Sie mit Ihren Teilnehmern, den folgenden Zungenbrecher zu sprechen:

»Sieben Schneeschaufler schaufeln sieben Schaufeln Schnee.«

Nach mehreren Tagen Frost und Kälte frieren die Seen zu. Nichts wie raus aufs Eis. Fragen sie die Teilnehmer:

Beipielfragen:
- Waren Sie früher Schlittschuh laufen?
- Hatten Sie eigene Schlittschuhe?
- Wo konnten Sie Schlittschuh laufen?
- Sind Sie auf dem Eis spazieren gegangen?
- Haben Sie schon mal an einem Eiszapfen gelutscht?

Schnee

Jedes Jahr stellt sich aufs Neue die Frage: Schneit es oder schneit es nicht? Fragen Sie die Teilnehmer:

Beipielfragen:
- Mögen Sie den Schnee?
- Haben Sie schon einmal einen Schneemann gebaut?
- Wenn ja, wie haben Sie das gemacht?
- Wie macht man einen guten Schneeball, und wer oder was wurde damit beworfen?
- Was haben Sie gemacht als der erste Schnee fiel?
- Hatten Sie einen Schlitten?

Welche Worte mit Schnee fallen Ihnen ein?

Beispiele:
Schneemann, Schneeball, Schneeschuhe, Schneesturm, Schneekugel, Schneedecke, Schneeglöckchen, Schneehase, Schneekette, Schneekönigin, Schneeflocke, Schneeanzug, Pulverschnee, Neuschnee, Schneefall, Tiefschnee, schneeblind, Schneewolke

Wintersport

Welche Sportarten werden noch im Winter ausgeübt?

Beispiele:
Langlauf, Skiabfahrt, Eisstockschießen, Rodeln, Eisschnellauf, Eiskunstlauf, Eishokey, Bobfahren, Eisangeln, Eisbaden, Skispringen, Biathlon, Schlittenhundrennen, Eistanz

Buchstaben-Schneesturm

Hier sind die Buchstaben wie Schneeflocken durcheinander gewirbelt. Suchen Sie mit den Teilnehmern folgende Begriffe:
Schneeball, Schlittschuhe, Handschuhe, Eiszapfen.
Die übrig gebliebenen Buchstaben bilden ein Wort. Welches?

S H H S
C
E I
S C
E
Z A
E I L
P
N B
F T
A
E
L
H W
L N
S I
N C T
H U
N
A H
E
D
H R
T S U E
C E H

Auflösung siehe S. 71

Handschuh-Paare

Zwei Handschuhe gehören jeweils zusammen. Finden Sie mit den Teilnehmern die Paare. Zwei Handschuhe bleiben übrig, welche?

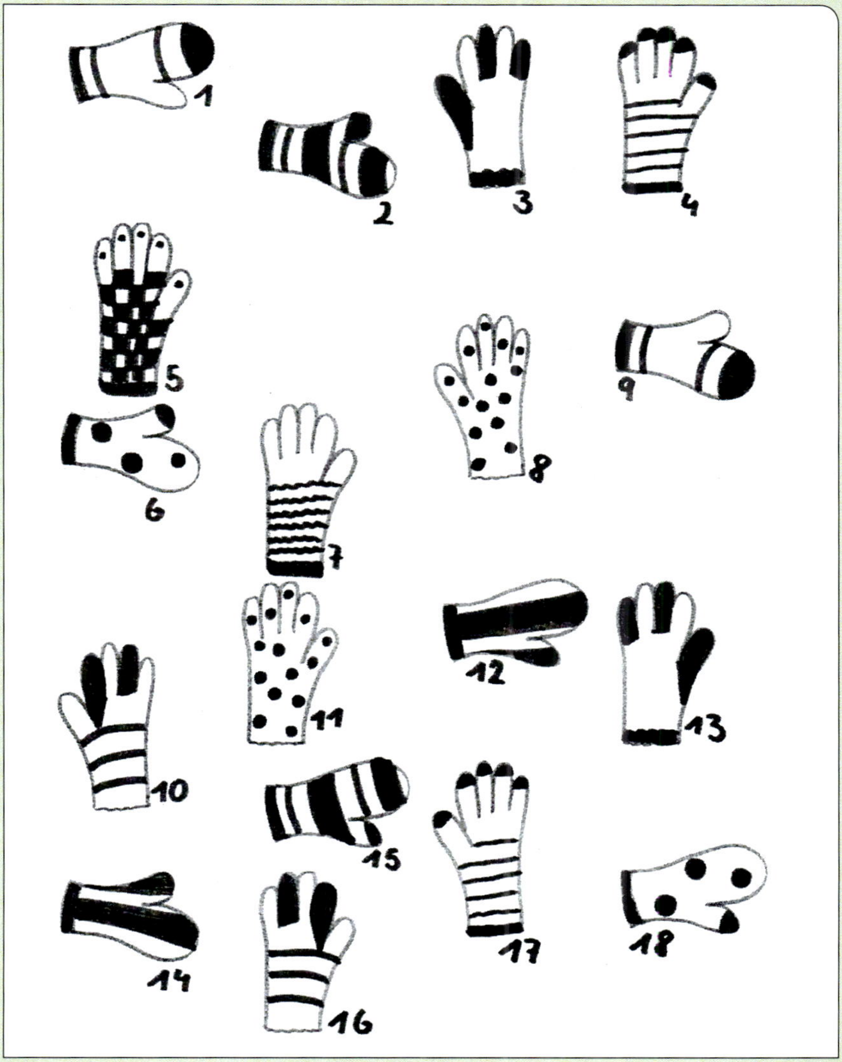

Auflösung siehe S. 71

Advent und Weihnachten

Weihnachtsteller

Zu Weihnachten werden bunte Teller unter den Weihnachtbaum gestellt. Auf diesen Tellern finden sich die unterschiedlichsten Leckereien wie Walnüsse, Zimtsterne, Schokoladenkugeln, Fondantkringel, Vanillekipferl, Pralinen usw.
Bereiten Sie solch einen Teller vor. Von jeder Süßigkeit legen Sie aber jeweils nur ein Stück auf den Teller. Die Teilnehmer sollen den Teller betrachten und sich die Leckereien einprägen. Anschließend decken Sie den Teller mit einem Tuch ab und bitten die Teilnehmer die Naschereien aufzählen, die sich auf dem Teller befinden.
Nach dem Gedächtnistraining kann das Naschwerk an die Teilnehmer verteilt werden.

Advent

In der Adventszeit bereiten sich die Christen auf die Ankunft Jesus vor. Damit verbunden sind in vielen Familien Rituale.
Fragen Sie die Teilnehmer, wie sie diese Zeit erlebt haben und was für sie zur Adventszeit dazu gehört.

Beispiele:
- Adventskranz
- Kekse backen
- Stollen backen
- Adventskalender
- besinnliche Nachmittage
- Wohnung schmücken
- Weihnachtsfeiern
- Geschenke besorgen
- Adventslieder singen
- Wunschzettel schreiben (Kinder)

Adventskranz

In vielen Stuben steht nun ein Adventskranz. An jedem Adventssonntag wird eine Kerze angezündet, bis alle vier Kerzen brennen.
Fragen Sie die Teilnehmer:

- Wie hat Ihr Adventkranz ausgesehen?
- Haben Sie immer eine bestimmte Farbe zur Dekoration Ihres Adventskranzes benutzt?
- Hing Ihr Kranz an der Decke, stand er auf dem Tisch oder gab es einen anderen Ort, an dem er stand?

Reim

Fragen Sie die Teilnehmer, ob sie den alten Kinderreim »Advent, Advent« kennen. Anschließend können Sie den gemeinsam vortragen.

»Advent, Advent, ein Lichtlein brennt.
Erst eins, dann zwei, dann drei, dann vier,
dann steht das Christkind vor der Tür.«

Witzbolde ergänzen den Vers um folgende Zeilen:

»Und wenn das fünfte Lichtlein brennt,
dann hast du Weihnachten verpennt.«

Wenn eine Kerze angezündet wird, sitzen oft alle gemütlich zusammen und essen selbstgebackene Kekse. Nutzen sie die Gelegenheit, um über die Gepflogenheiten der Teilnehmer zur Adventszeit zu sprechen.

Beispielfragen:

- Gab es bei Ihnen selbstgebackene Kekse zum Advent?
- Wer hat bei Ihnen Kekse gebacken?
- Welche Sorten wurden gebacken?
- Hat sich die Familie zum gemeinsamen Adventskaffee zusammen gefunden?
- Gab es vielleicht statt Kaffee oder Tee auch Punsch zu trinken?

Zeit für Bewegung

Zeit für etwas Bewegung. Stellen Sie mit den Teilnehmern das Keksebacken pantomimisch dar. Orientieren Sie sich dabei an den unten aufgeführten Handlungen.
Zum Abschluss können Sie ein paar Kekse reichen.

Beispielhandlungen:

- Der Teig wird zubereitet: Eier aufschlagen, Mehl und Zucker in die Schüssel geben, Butter abschneiden und in die Schüssel geben. Etwas Milch dazuschütten und eine Prise Salz darüber streuen.
- Jetzt wird der Teig ordentlich mit beiden Händen geknetet.
- Den Teig auf die Arbeitsfläche legen, klopfen und dann ausrollen.
- Nun Kekse ausgestechen und vorsichtig auf das Blech legen.
- Die Kekse mit Eigelb bestreichen und verzieren.

Bratäpfel zubereiten

Der Bratapfel ist in der Adventszeit sehr beliebt. Wird er im Ofen gegart, ist der ganze Raum vom Bratapfelduft erfüllt. Das macht ordentlich Appetit.
Bereiten Sie mit den Teilnehmern Bratäpfel vor, die dann später gebacken und gemeinsam verzehrt werden. Vorab können Sie sich über die unterschiedlichen Erfahrungen austauschen und verschiedene Rezepte sammeln.

Beispielfragen:

- Haben Sie früher Bratäpfel zubereitet?
- Womit wurden sie gefüllt?
- Hatten Sie ein Familienrezept?

Gedicht

Fragen Sie die Teilnehmer, wer das Gedicht »Der Bratapfel« kennt. Tragen Sie die erste Strophe gemeinsam vor.

»Kinder kommt und ratet,
was im Ofen bratet!
Hört wie es knallt und zischt.
Bald wird er aufgetischt,
Der Zipfel, der Zapfel,
der Kipfel, der Kapfel,
der gelbrote Apfel.«

Zeit für Bewegung

In der Adventszeit wird viel genascht, es wird Zeit für etwas Bewegung, um wieder ein paar Kalorien abzutrainieren.

- Erst den rechten Arm strecken und wieder anwinkeln.
- Dann den linken Arm strecken und wieder anwinkeln.
- Dann beide Arme strecken und anwinkeln, als ob Gewichte gehoben werden.
- Anschließend das rechte Bein nach vorne strecken.
- Dann das rechte Bein nach vorne strecken.
- Schließlich beide Beine so bewegen, als würde man Radfahren.
- Die ganze Bewegungsfolge 2-mal wiederholen.

Weihnachten

Die Kinder sind aufgeregt, die Wohnung festlich geschmückt … Fragen Sie die Teilnehmer, wie sie Weihnachten gefeiert haben.

Beispielfragen:

- Was gehört für Sie zu Weihnachten?
- Welche Weihnachtsbräuche kennen Sie?
- Wie haben Sie das Weihnachtsfest verbracht?
- Mit wem haben Sie gefeiert?
- Wann gab es bei Ihnen Bescherung?

Weihnachtswörter

Fragen Sie die Teilnehmer, welche Wörter ihnen einfallen, die das Wort Weihnachten enthalten.

Beispiele:
Weihnachtsbaum, Weihnachtsfeier, Weihnachtsfest, Weihnachtspyramide, Weihnachtslied, Weihnachtsgedicht, Weihnachtskarte, Weihnachtsessen, Weihnachtskuchen, Weihnachtsstern, Weihnachtsgeschenk, Weihnachtsbraten, Weihnachtskrippe, Weihnachtsgebäck, Weihnachtsgans, Weihnachtsmann, Weihnachtsabend, Weihnachtsgeschichte, Weihnachtskaktus, Weihnachtsnacht, Weihnachtszauber …

Weihnachtsbaum

In den meisten Familien gehört der Weihnachtsbaum unbedingt zu Weihnachten dazu. Fragen Sie nach den Erfahrungen der Teilnehmer.

Beispielfragen:
- Wer hat den Weihnachtbaum geholt?
- Wo wurde er aufgestellt?
- Wer hat ihn geschmückt?
- Wie hat er ausgesehen?
- Gab es einen bunten Baum oder wurde er in einer bestimmten Farbe geschmückt.
- Haben Sie Lametta verwendet?

Adventskalender-Wörter

Welche Wörter können mit den Buchstaben des Wortes Adventskalendertürchen gebildet werden?

Beispiele:
Tür, Advent, er, Tat, Tee, Teer, der, dann, Tasche, naschen, Narr, Naht, Stern, See, nett, Tanne, Karre, Rat, Ren, Ranke, Rad, Aal, Land, leer, Tante, Vers, Klee, Dach, denken, nah, Draht, Dreh, Rasen, stark, Vater, Vetter …

Geschenke

Zu Weihnachten gibt es Geschenke. Welche Erinnerungen haben die Teilnehmer an ihre Weihnachtsgeschenke?

Beispielfragen:
- Können Sie sich noch erinnern, was Sie sich als Kind gewünscht haben?
- Können Sie sich noch erinnern, was Sie als Kind zu Weihnachten geschenkt bekommen haben?
- Wie waren Die Geschenke verpackt?
- Lagen die Geschenke unter dem Weihnachtbaum?
- Gibt es etwas, das Sie sich heute wünschen?
- Was war Ihr schönstes Weihnachtsgeschenk?

Weihnachtsessen

Zu Weihnachten gibt es meist ein besonderes Essen. Welche besonderen Weihnachtsgerichte fallen Ihren Teilnehmern ein?

Beispiele:
Gänsebraten, Würstchen und Kartoffelsalat, Weißwürstchen mit Sauerkraut, Entenbraten, Karpfen, Raclette, Fondue, Wildragout, Rinderrouladen …

Zuckerhäuschen

Schneiden Sie in einen mittelgroßen Pappkarton Fenster und Türen. Verteilen Sie nun Butterkekse an die Teilnehmer, die diese mithilfe von Zuckerguss mit kleinen Süßigkeiten bekleben.
Ist der Zuckerguss gut getrocknet ist, werden die gestalteten Kekse auf den Pappkarton geklebt – auf diese Weise entsteht ein ganz besonderes Zuckerhaus, das gut sichtbar für alle aufgestellt wird.

Fehlersuche

Finden Sie mit den Teilnehmern sieben Unterschiede, die das untere Bild vom oberen unterscheidet.

Auflösung siehe S. 71

Silvester

»Zwischen den Jahren« bezeichnet die Zeit zwischen Weihnachten und Silvester. In dieser Zeit soll Besinnlichkeit das Wichtigste sein. In vielen Gegenden nennt man diese Zeit auch Rauhnächte (bis 5. Januar), in denen nicht gearbeitet, sondern sich beschaulich auf das neue Jahr eingestimmt wird. Fragen Sie die Teilnehmer, nach Ihren Eindrücken.

Beispielfragen:
- Was bedeutet für Sie Besinnlichkeit?
- Gibt es etwas, wofür Sie sich gerne mal Zeit nehmen würden?
- Gibt es einen Ort, an dem Sie sich Zeit für Ihre Gedanken nehmen können?

Ideen für die Speisekarte

Zu Silvester gibt es einige Traditionen in Bezug auf das Essen. Fragen Sie die Teilnehmer, welche Sie kennen. Vielleicht kann ja auch der Speiseplan darauf abgestimmt werden?
- Pfannkuchen/Berliner/Krapfen
- Linsensuppe
- Fondue
- Feuerzangenbowle
- Karpfen

Silvester-Rituale

Fragen Sie die Teilnehmer, was für sie zu Silvester gehört.

Beispiele:
Party feiern, Bleigießen, Tanz, Musik, Silvesterprogramm im Fernsehen, Partyhütchen, Feuerwerk, Pfannkuchen/Berliner/Krapfen, Bowle …

Zeit für Bewegung

Um Unheil in den sogenannten Rauhnächten zu vermeiden, soll man dem Aberglauben nach in diesen Tagen keine Wäsche waschen, nicht spinnen, keine Wäscheleine spannen, nicht nähen oder die Ställe ausmisten.
Dem möglichen Unheil wird jetzt mit den Teilnehmern ein Schnippchen geschlagen: Ahmen Sie gemeinsam die Bewegungen einfach nach, die bei den »verbotenen« Aktivitäten entstünden.

Beispiele:
- Wäsche mit dem Waschbrett waschen.
- Wäsche auf die Leine hängen.
- Wolle am Spinnrad spinnen.
- Mit Nadel und Faden nähen.
- Ställe mit der Mistgabel ausmisten.

Knallbonbons gestalten

Knallbonbons gehören zu Silvester. Gestalten Sie mit den Teilnehmern eigene Kanllbonbons:
Papprollen werden mit kleinen Gegenständen, auf Papier geschriebenen Gedichten, Versen oder Weisheiten oder mit Süßigkeiten befüllt. Die Papprollen dann mit farbiger Folie oder Krepppapier umwickeln, sodass das typische Knallbonbon entsteht. Die Enden mit einem farbigen Band zusammen binden und schon sind sie fertig.

Glücksbringer

Zu Silvester werden Glücksbringer verteilt. Fragen Sie, welche Glücksbringer die Teilnehmer kennen.

Beispiele:
Schwein, Schornsteinfeger, Glückspfennig, Kleeblatt, Hufeisen, Fliegenpilz, Marienkäfer …

Scherzfragen

Zu Silvester werden oft Pfannkuchen, Krapfen oder Berliner gereicht. Manchmal ist einer mit Senf gefüllt. Stellen Sie den Teilnehmern folgende Scherzfragen und lassen Sie sie die Antwort erraten.

- Wie kann man auf dem Wasser gehen? — **Man wartet bis es Winter, und das Wasser gefroren ist.**
- Was wird beim Trocknen nass? — **Das Handtuch.**
- Warum fliegen Vögel im Winter in den Süden? — **Weil es zum Laufen zu weit ist.**
- In welchen Zug passt nur ein Mensch? — **In den Anzug.**

1–10

Die letzten 10 Sekunden des alten Jahres werden oft laut herunter gezählt. Fragen Sie die Teilnehmer, welche Aussage richtig ist (die fettgedruckte Aussage ist richtig).

- 10 — **10 Zentimeter sind 100 Millimeter**. 1 Jahr hat 10 Monate.
- 9 — Eine Spinne hat 9 Beine. **Es gibt ein Fisch namens Neunauge.**
- 8 — **Die schwarze Billardkugel ist die 8.** Schneewittchen lebte mit acht Zwergen zusammen.
- 7 — 7 ist die schlechteste Schulnote. **Eine Woche hat 7 Tage.**
- 6 — Sechs auf einen Streich. **Die höchste Zahl auf dem Würfel lautet 6.**
- 5 — Am 5 Dezember ist Nikolaus. **10 minus 5 ergibt 5.**
- 4 — **Ein Jahr hat 4 Jahreszeiten.** Ein Dreieck hat 4 Ecken.
- 3 — Ein Magnet hat 3 Pole. **Zu einem Trio gehören immer 3**.
- 2 — **Ein Paar sind immer 2.** Aller guten Dinge sind 2.
- 1 — 100 Kilo sind 1 Zentner. **Der Torwart trägt immer die Nummer 1.**

Luftballon

Zu Silvester wird die Wohnung oft mit Luftballons, Girlanden, Lampions und Luftschlangen geschmückt. Die Teilnehmer sollen nun sc tun, als wären sie ein Luftballon, der langsam aufgeblasen wird. Orientieren Sie sich an den folgenden Vorgaben.
Zuerst ist der gesamte Körper schlapp und zusammengefallen – doch nun wird er langsam »aufgeblasen«:

- Der Rumpf richtet sich langsam auf.
- Der Hals/Kopf streckt sich.
- Die Arme strecken sich.
- Die Beine strecken sich.
- Die Spannung steigt und wird ein bisschen gehalten.

Der Luftballon hat jedoch ein Loch und die Luft entweicht wieder langsam:

- Die Beine lockern sich wieder.
- Die Arme erschlaffen und hängen schlapp neben dem Körper.
- Der Kopf sinkt auf die Brust.
- Der Rumpf fällt langsam in sich zusammen.

Rätselspiel

Zu Silvester treffen sich oft Familienmitglieder und Freunde zum Feiern und Spielen. Sehr beliebt sind dabei Rätselspiele.
Lesen Sie den Teilnehmern nacheinander die folgenden Beschreibungen der Gegenstände vor, sodass sie diese erraten.

- Am 31.12.1879 wurde dieses Ding zum ersten Mal vorgestellt.
- Das Patent dafür wurde 1880 ausgestellt.
- Es besteht hauptsächlich aus Glas.
- Damit es funktioniert, braucht es Strom.
- Es wurde von einem Amerikaner erfunden.
- Der Erfinder war Thomas Alva Edison.
- Mit diesem Ding geht uns »ein Licht auf«.
  → **Glühbirne**

- Gesucht wird ein alkoholisches Getränk.
- Es ist fast geschmacksneutral.
- Es wird aus Getreide gemacht.
- Es ist farblos.
- Sein Name stammt vom slawischen Wort für Wässerchen ab.
- In Russland ist es sehr beliebt.
- Es wird pur oder in Cocktails gemischt getrunken.
- In der Regel enthält es 40 % Alkohol.

  → **Wodka**

- Am 31.12.1919 wurde der Erfinder dieses kleinen Gegenstandes im Schwarzwald geboren.
- Er war der älteste Sohn eines Schneiders.
- Er war gelernter Bauschlosser und Erfinder.
- Das gesuchte Ding ist aus Kunststoff.
- Es ermöglicht, Dinge an der Wand zu befestigen.
- Der Erfinder hieß Herr Fischer.

  → **Dübel**

- Das Ding hat viele Zähne.
- Im Jahr werden ungefähr 70 Millionen davon produziert.
- Es kann geöffnet und geschlossen werden.
- Es ist an Hosen, Jacken und Mänteln vorhanden.
- Früher war es aus Metall, heutzutage ist es meist aus Kunststoff.
- Manchmal klemmt es.
- Dieses Ding ersetzt Knöpfe.

  → **Reißverschluss**

- Es zählt zu den Süßigkeiten
- Das gesuchte Ding steckt man sich in den Mund, aber man isst es nicht.
- Es gibt unterschiedlichen Formen, etwa Kugeln oder Streifen.
- Nach dem Gebrauch wird das Ding manchmal unter den Tisch geklebt.
- Es schmeckt meist nach Pfefferminze.

  → **Kaugummi**

Vorsätze

Viele Menschen nehmen sich in der Silvesternacht etwas vor. Fragen Sie die Teilnehmer, was sie schon für gute Vorsätze hatten und ob sie sie verwirklicht haben.

Beispielfragen:
- Welche Vorsätze hatten Sie schon einmal für das neue Jahr?
- Haben Sie die Vorsätze umgesetzt?
- Ist Ihnen das schwer gefallen?

Alles neu

Das neue Jahr hat begonnen. Finden Sie mit den Teilnehmern Wörter, die das Wort Neu beinhalten.

Beispiele:
Neujahr, Neuigkeit, neugierig, neun, Neubau, neugeboren, neutral, Neuwagen, nagelneu, brandneu, neulich, neunmalklug, Neunauge (ein Fisch), Neuseeland, Neuheit, Neuling, neuwertig …

Zeit für Bewegung

In einigen Gegenden machen sich die Menschen auf den Weg, an einem Neujahrslauf teilzunehmen, während andere noch in den Betten liegen. Vor so einem Lauf sollte man sich gründlich warm machen.
Zeit für eine Aufwärmrunde im Sitzen.
- Der Oberkörper wird gestreckt, und gebeugt (3-mal im Wechsel).
- Die Hände werden in die Hüften gestellt und der Oberkörper langsam nach rechts und links bewegt (3-mal im Wechsel).
- Das rechte Knie wird angezogen, das linke Knie wird angezogen (3-mal im Wechsel).
- Das rechte Bein wird gestreckt (3-mal im Wechsel).
- Das linke Bein wird getreckt (3-mal im Wechsel).

Fehlersuche

Finden Sie mit den Teilnehmern sieben Unterschiede, die das untere Bild vom oberen unterscheiden.

Auflösung siehe S. 72

Neujahrstanz

In vielen Gegenden wird das neue Jahr mit einem Walzertanz begrüßt. Verteilen Sie Tücher oder Servietten in unterschiedlichen Farben und lassen Sie die Teilnehmer zur Walzermusik die Tücher hin und her schwingen. Wer noch gut auf den Beinen ist, kann natürlich den Walzer tanzen.

Was steht hier?

Ordnen Sie mit den Teilnehmern den Zahlen Buchstaben zu und finden Sie die »glücklichen« Lösungswörter.

A	B	C	D	E	F	G	H	I	J	K	L	M
1	2	3	4	5	6	7	8	9	10	11	12	13

N	O	P	Q	R	S	T	U	V	W	X	Y	Z
14	15	16	17	18	19	20	21	22	23	24	25	26

19	3	8	23	5	9	14

6	12	9	5	7	5	14	16	9	12	26

11	12	5	5	2	12	1	20	20

16	6	5	14	14	9	7

19	15	13	13	5	18	6	5	19	20

1	8	15	18	14	19	9	18	21	16

2	21	3	8	4	5	3	11	5	12

8	25	1	26	9	14	20	8	5	14

Auflösung siehe S. 72

Lösungen

Lösung: Buchstaben-Quadrat von Seite 13

T	U	L	P	E				N	
						P		A	
				R		R		R	V
				O		I		Z	E
				S		M		I	I
N	E	L	K	E		E		S	L
						L		S	C
A	S	T	E	R				E	H
		L	I	L	I	E			E
G	E	R	B	E	R	A			N

Lösung: Spiegelkabinett von Seite 19

Schießbude
Karussell
Achterbahn
Geisterbahn
Bratwurst
Zuckerwatte
Riesenrad

Lösung: Fischmarkt von Seite 20

1 und 11
2 und 9
3 und 14
4 und 13
5 und 8
6 und 10
7 und 12

Lösung: Kreuzworträtsel von Seite 26

1				D	O	T	T	E	R
2		A	P	R	I	L			
3				O	S	T	E	R	N
4		A	M	S	E	L			
5		N	E	S	T				
6	S	A	M	E	N				
7				L	E	N	Z		

Lösung: Sprichwort-Irrgarten von Seite 27

D	E	R	X	I	O	P	Ü	A	S	D
Ü	Z	M	Y	F	G	H	J	J	K	L
Ö	Q	A	Q	Ä	Y	X	C	V	B	N
M	V	I	D	Q	W	E	R	T	Z	U
I	Ö	I	F	Q	K	Z	X	O	O	P
Ü	Ü	S	T	E	B	Ä	U	X	A	S
E	G	T	M	I	K	Z	M	D	F	G
K	X	Y	L	D	H	X	E	J	K	L
O	M	M	E	N	Ö	Ä	S	Y	X	C
I	R	W	Z	Q	L	H	C	V	B	N
N	M	Q	W	M	A	Z	E	R	T	Z
U	I	O	P	O	G	Z	I	Ü	A	S
D	F	G	H	Ä	E	N	A	U	J	K
L	M	Q	W	Ä	L	Ö	U	S	E	R

Lösung: Strandtag von Seite 33

Schirm 6 und 10 sind identisch.

Lösung: Schwedisches Buchstaben-Quadrat von Seite 34

H	E	R	I	N	G				K
							S		A
					E		C		R
S	A	U	E	R	R	A	H	M	T
					D		N		O
					B		A		F
		K	Ä	S	E		P		F
					E		S		E
					R				L
K	N	Ä	C	K	E	B	R	O	T

Lösung: Zahlen verbinden von Seite 43

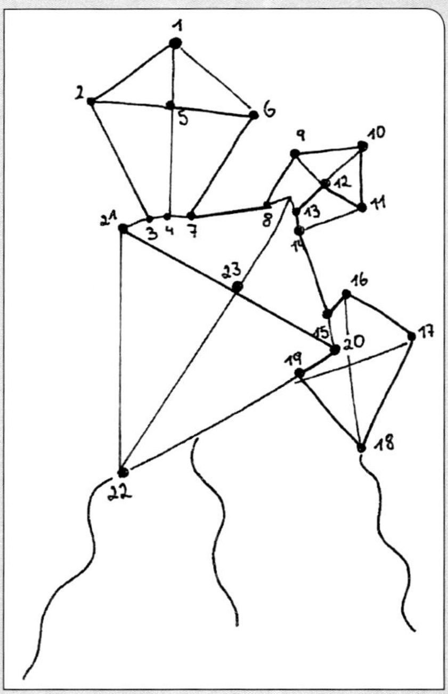

Lösung: Herbstwind von Seite 44:
Kürbis
Kartoffeln
Äpfel
Birnen
Nüsse
Pilze
Laub
Ernte

Lösung: Buchstaben-Schneesturm von Seite 50
Winter

Lösung: Handschuhpaare von Seite 51
- 1 und 9
- 2 und 15
- 3 und 13
- 4 und 17
- 6 und 18
- 8 und 11
- 10 und 16
- 12 und 14
- Übrig bleiben 5 und 7

Lösung: Fehlersuche von Seite 58

Lösung: Fehlersuche von Seite 65

Lösung: Was steht hier? von Seite 67

- Schwein
- Fliegenpilz
- Kleeblatt
- Pfennig